A. MÉRIGNHAC

Professeur de droit international public à l'Université de Toulouse
Associé de l'Institut de droit international
Sous-Intendant militaire du cadre auxiliaire

LA

DEUXIÈME CONFÉRENCE INTERNATIONALE

DE LA PAIX

CONFÉRENCE DE LA HAYE DE 1907

(Extrait de la *Revue du Service de l'Intendance*.)

PARIS

HENRI CHARLES-LAVAUZELLE
Éditeur militaire
10, Rue Danton, Boulevard Saint-Germain, 118

(MÊME MAISON A LIMOGES)

LA

Deuxième Conférence Internationale

DE LA PAIX

A. MÉRIGNHAC

Professeur de droit international public à l'Université de Toulouse
Associé de l'Institut de droit international
Sous-Intendant militaire du cadre auxiliaire

LA
DEUXIÈME CONFÉRENCE INTERNATIONALE
DE LA PAIX

CONFÉRENCE DE LA HAYE DE 1907

(Extrait de la *Revue du Service de l'Intendance*.)

PARIS

HENRI CHARLES-LAVAUZELLE

Éditeur militaire

10, Rue Danton, Boulevard Saint-Germain, 118

(MÊME MAISON A LIMOGES)

OUVRAGES DE DROIT PUBLIC INTERNATIONAL

De A. MÉRIGNHAC

(DROIT DE LA PAIX ET DE LA GUERRE)

Traité théorique et pratique de l'Arbitrage international, 1895.
Paris, Larose, éditeur........................... 10 fr.

Ouvrage couronné en 1896 par l'Académie des sciences morales et politiques.

La Conférence internationale de la Paix, avec préface de
M. Léon Bourgeois, premier délégué de la France à la Haye,
1900. Paris, Rousseau, éditeur..................... épuisé.

Les Lois et Coutumes de la guerre sur terre, 1903. Paris,
Chevalier-Maresq, éditeur......................... 8 fr.

Ouvrage précédé d'une lettre de satisfaction du Ministre de la guerre du
30 juillet 1902 avec souscription et recommandation pour achat aux bibliothèques de garnison.

Le Traité d'arbitrage permanent au XXᵉ siècle, 1904. 3 fr.

Les Réquisitions et Contributions de guerre. Paris, Lavauzelle,
éditeur. Extrait de la *Revue du Service de l'Intendance* de
1904.

**Les Théories du grand état-major allemand sur les lois
de la guerre continentale**, 1907. Paris, Pédone, éditeur. 3 fr.

Conférence aux officiers du 17ᵉ corps d'armée, sous la présidence
de M. le général Rouvray, commandant le 17ᵉ corps d'armée.

Traité de droit public international. Paris, Librairie générale de Droit et de Jurisprudence.

Tome I. — *Théories générales*, 1905................ 10 fr.

Tome II. — *Le Droit de la Paix*, 1907.............. 10 fr.

Tome III. — *Le Droit de la guerre* (en préparation).... 10 fr.

LA
Deuxième Conférence Internationale
DE LA PAIX

Pour se rendre un compte exact des solutions admises par la seconde Conférence de la Paix, il convient de jeter un rapide coup d'œil sur les travaux et les résultats de la première, car, sur beaucoup de points, la Conférence de 1907 est venue compléter et développer les décisions de celle de 1899.

C'est une idée de désarmement ou plutôt de réduction des armements et des budgets militaires qui avait été le motif primordial de la Conférence de 1899.

En effet, en août 1898, le comte Mouravieff, ministre des affaires étrangères de Russie, avait envoyé au corps diplomatique accrédité en Russie un message dans lequel il déclarait nécessaire d'opérer un arrêt et une réduction dans les armements à outrance sous lesquels pliait l'Europe, et qui devaient, avant peu, suivant lui, amener une faillite générale des États européens.

Le document de 1898 était vague et semblait se confondre avec les projets de désarmement général ou même d'établissement de paix perpétuelle, qui ont hanté de tout temps des intelligences animées des intentions les meilleures, mais sûrement trop éloignées de la sphère des réalités pratiques. L'œuvre impériale menaçait donc de tomber dans le discrédit.

On le comprit à Saint-Pétersbourg et, en janvier 1899, une nouvelle circulaire vint mieux préciser le but à réaliser par la Conférence en préparation. Ce nouveau document, beaucoup plus net que le premier, indiquait à l'attention du monde civilisé les quatre idées suivantes :

1° Non-augmentation et même réduction des armements et des budgets de guerre ;

2° Interdiction de nouveaux engins et limitation des engins déjà usités ;

3° Réglementation des lois de la guerre ;

4° Emploi de la médiation, des bons offices et de l'arbitrage dans les conflits internationaux.

Sur ces bases, une première Conférence se réunit à La Haye, le 18 mai 1899, et fut immédiatement saluée du nom caractéristique de *Conférence de la Paix*, qui restera, désormais, son nom dans l'histoire.

Vingt-six puissances avaient pris part à la réunion de La Haye. Leurs délégués ont signé, le 29 juillet 1899, un acte final dans lequel sont contenus trois déclarations, trois conventions et des vœux d'ordres divers.

L'œuvre de la première Conférence de la Paix avait été des plus utiles. Par elle, furent introduites des améliorations notables dans les rapports des belligérants et rendus plus humains les procédés de la guerre. Par elle, aussi, ont été interdits certains engins, particulièrement meurtriers, surtout les balles *expansives* qui, éclatant dans le corps humain, y produisent des ravages épouvantables et causent une mort atroce. Par elle, encore, a été étendu à la marine le principe de la *Croix-Rouge* de Genève, c'est-à-dire créé dans les guerres maritimes le service hospitalier qui n'existait auparavant que dans les guerres terrestres.

Elle a enfin précisé et codifié la matière de l'arbitrage et organisé la *Cour arbitrale de La Haye*, qui tend à devenir le juge de droit commun des conflits internationaux.

Mais son œuvre était restée incomplète. Ne s'occupant que des belligérants, elle n'a point traité des neutres, alors qu'aujourd'hui la guerre, rapport d'Etat à Etat, retentit sur tout l'organisme social et rend, par suite, nécessaires des lois concernant ceux qui ne prennent point part aux hostilités et ceux qui y figurent.

D'autre part, elle n'a légiféré que relativement à la guerre terrestre; et pourtant les questions maritimes sont aujourd'hui, comme autrefois, l'objet des préoccupations des publicistes. La guerre dernière entre la Russie et le Japon a montré combien impérieusement se faisait sentir cette nécessité d'une réglementation énergique des principes de la guerre sur mer.

Enfin beaucoup d'autres points, on le verra, étaient restés en dehors des dispositions de la première Conférence de la Paix. Il fallait donc nécessairement compléter son œuvre (1).

C'est l'Amérique qui, en octobre 1904, au cours même de la guerre russo-japonaise, prit l'initiative de la réunion de la seconde Conférence.

Un peu plus tard, la Russie présenta, par une circulaire du 24 mars-6 avril 1906, un programme dans lequel étaient principalement visés l'amélioration et le complément des lois et coutumes de la guerre sur terre; l'élaboration d'une convention relative aux lois et

---

(1) Consulter, sur la première Conférence de la Paix, l'ouvrage que nous avons publié en 1900 sous ce titre *La Conférence internationale de la Paix*, avec préface de M. Léon Bourgeois, premier délégué de la France à La Haye.

coutumes de la guerre maritime, l'amélioration de la convention concernant le règlement pacifique des conflits internationaux, notamment quant à la Cour d'arbitrage et aux commissions internationales d'enquête, les compléments à apporter à la convention de 1899 pour l'adaptation à la guerre maritime des principes de la convention de Genève sur le service hospitalier.

Ce programme donna lieu à de vives polémiques ; on remarquait tout d'abord qu'il n'y était question ni de l'arbitrage obligatoire, ni de la limitation des armements. Ce dernier point surtout préoccupait vivement l'attention publique, car la question avait été posée en beaucoup de pays et fait l'objet de discussions dans les parlements nationaux.

Les représentants de 44 puissances répondirent à l'appel adressé, alors que, nous l'avons vu, 27 Etats seulement avaient participé à la première Conférence de 1899. Aussi le gouvernement néerlandais trouva-t-il que la *Maison du Bois*, petit palais situé dans le bois de La Haye, qui avait servi en 1899, était trop étroite pour abriter, en 1907, les 259 délégués envoyés ; elle est d'ailleurs à 3 kilomètres environ de La Haye. Il fit donc aménager la grande *Salle des Chevaliers*, dans le palais du *Binnenhof*, au centre même de la capitale. La présidence de la Conférence fut dévolue au premier délégué russe et la vice-présidence au ministre néerlandais des affaires étrangères.

La tâche de la Conférence fut répartie entre quatre commissions qui ont été présidées par MM. Léon Bourgeois, Beernaert, Tornielli et de Martens. La première devait s'occuper des questions d'arbitrage ; la deuxième, des problèmes soulevés par la guerre terrestre ; la troisième, de ceux afférents à la guerre maritime ; la quatrième, enfin, des modifications à apporter au droit maritime international.

Ayant commencé ses travaux le 15 juin 1907, la Conférence les clôtura le 18 octobre de la même année; et les délégués ont signé, à cette date, outre une déclaration relative à un point spécial, treize conventions concernant des matières diverses qui avaient été réparties entre les quatre commissions précitées d'études et de préparation des résolutions.

Avant d'entrer dans l'examen des textes votés, il est nécessaire de s'expliquer au sujet des deux points que nous avons indiqués ci-dessus, pour lesquels la Conférence n'a pu aboutir à des décisions fermes.

a) Arbitrage obligatoire.

L'arbitrage obligatoire consiste dans l'obligation que prennent les Etats de soumettre à la décision de juges internationaux certains litiges qui peuvent surgir dans leurs rapports respectifs. Quelques auteurs admettent le recours à l'arbitrage obligatoire pour tous litiges sans exception, en partant de ce point de vue qu'à l'exemple des particuliers qui ne peuvent se faire justice à eux-mêmes et doivent recourir à des tribunaux, les Etats sont obligés de faire vider leurs différends par la voie juridique.

D'autres estiment qu'il convient de ne point accepter l'arbitrage pour les questions intéressant l'existence, l'indépendance, l'honneur, les intérêts vitaux des Etats, que chacun d'eux doit défendre par ses propres forces et sauvegarder par tous les moyens, dût-il périr dans la lutte. Entre ces deux opinions extrêmes, une solution mixte admet l'arbitrage obligatoire seulement pour certains conflits nettement déterminés et énumérés dans une liste dressée à l'avance.

Une vive discussion s'éleva, à ce sujet, dans la première Conférence de la Paix, en 1899; les débats y furent passionnés. La Russie avait proposé un certain nombre de cas dans lesquels l'arbitrage serait obligatoire pour les contractants ; et les délégués, au début, parurent favorables au principe.

Puis, dans l'examen des points de détail, des divergences se produisirent. Les uns ajoutaient à la liste proposée ; les autres y apportaient des restrictions ; mais, à la séance du 4 juillet, l'Allemagne opposa une attitude négative irréductible au principe même et le fit repousser. La Conférence dut se borner à l'article 19 de la Convention pour le règlement pacifique des conflits internationaux, réservant la liberté des puissances signataires en vue de la conclusion de traités contenant l'arbitrage obligatoire (1).

La question de l'arbitrage obligatoire a été reprise à la Conférence de 1907 ; les grandes puissances n'ayant pas présenté de projet à cet égard, le Portugal et la Serbie prirent l'initiative de propositions groupant des litiges divers, tels que ceux résultant des traités de commerce et du règlement d'intérêts économiques, administratifs ou pécuniaires.

A son tour, l'Angleterre proposa la liste suivante :

1° Les tarifs des douanes ; 2° les jaugeages des navires ; 3° la situation des étrangers, quant aux taxes et impôts ou quant à l'acquisition ou à la possession des biens ; 4° les conventions concernant la protection des travailleurs ; 5° les conventions sur les collisions des navires en mer ; 6° la convention visant les œuvres littéraires et artistiques ; 7° les conventions relatives aux sociétés commerciales et industrielles ; 8° les conventions concernant les poids et mesures ; 9° les conventions d'assistance réciproque aux malades et aux indigents ; 10° les conventions sur diverses matières de

---

(1) Ouvrage précité de *La Conférence de la Paix*, nᵒˢ 145 et suiv.

droit international privé ; 11° les contestations affé-
rentes aux dommages, quand le principe n'est pas
contesté.

Devant la Conférence, le baron de Marschall, délégué
allemand, combattit le principe de l'arbitrage obligatoire, que soutint éloquemment M. Bourgeois, déclarant qu'en le consacrant les délégués feraient faire un
pas décisif à la cause de la paix et affirmeraient, en
même temps, une volonté commune de la solidarité de
leurs devoirs, ce qui serait peut-être la leçon de morale la plus haute à donner à l'humanité.

Au vote, l'unanimité n'ayant pu être obtenue (1), le
projet de convention a échoué ; et, pour masquer cet
échec, le comte Tornielli, délégué italien, a fait adopter
la motion suivante :

« La Conférence, se conformant à l'esprit d'entente
et de concessions réciproques, qui est l'esprit même de
ses délibérations, a résolu de présenter la déclaration
suivante qui, tout en réservant à chacun des États représentés le bénéfice de ses votes, permet à tous d'affirmer les principes qu'ils considèrent comme unani-
mement reconnus.

» La Conférence est unanime : 1° à reconnaître le
principe de l'arbitrage obligatoire ; 2° à déclarer que
certains différends, et notamment ceux relatifs à l'in-
terprétation et à l'application des stipulations conven-
tionnelles internationales, sont susceptibles d'être soumis à l'arbitrage obligatoire sans aucune restriction.

» Elle est unanime enfin à proclamer que, s'il n'a pas
été donné de conclure dès maintenant une convention
en ce sens, les divergences d'opinions qui se sont

____

(1) Sur les 44 États représentés, 32 se déclarèrent prêts à
accepter une convention générale précisant les cas d'arbitrage
obligatoire. Les trois quarts des puissances acceptaient donc
l'institution !

manifestées n'ont pas dépassé les limites d'une controverse juridique, et qu'en travaillant ainsi ensemble pendant quatre mois, tous les Etats du monde non seulement ont appris à se comprendre et à se rapprocher davantage, mais ont su dégager, au cours de cette longue collaboration, un sentiment très élevé du bien commun de l'humanité. »

L'échec de l'arbitrage obligatoire a été profondément regrettable. Sans le considérer, en effet, comme une panacée universelle, on ne peut nier son incontestable utilité, que faisait ainsi ressortir la note officielle russe adressée aux délégués de la Conférence de la Paix de 1899 :

« L'arbitrage obligatoire servirait d'une façon inappréciable la cause de la paix universelle. Bien évidemment les questions d'ordre secondaire, auxquelles est exclusivement applicable ce moyen d'action, constituent très rarement une cause de guerre. Néanmoins, des conflits fréquents entre les Etats, ne fût-ce que relativement à des questions d'ordre secondaire, tout en ne constituant pas une menace directe pour le maintien de la paix, altèrent cependant les bons rapports des puissances et créent une atmosphère de méfiance et d'hostilité dans laquelle peut plus facilement, par un incident quelconque, comme par une étincelle fortuite, éclater une guerre. L'arbitrage obligatoire, ayant pour effet de délier les Etats intéressés de toute responsabilité en ce qui regarde telle ou telle solution à donner au différend surgi entre eux, semble devoir contribuer au maintien de leurs relations amicales et, par là, faciliter la solution pacifique des conflits plus sérieux qui pourraient surgir sur le terrain de leurs intérêts réciproques les plus élevés (1). »

---

(1) Ouvrage précité, n° 118.

b) **Réduction des armements et des budgets militaires.**

Comme nous l'avons dit ci-dessus, c'est cette idée qui avait été la base du premier projet de la Conférence de la Paix de 1899.

Après des discussions stériles, la Conférence dut se borner à émettre la résolution suivante : « La Conférence estime que la limitation des charges militaires qui pèsent actuellement sur le monde, est grandement désirable pour l'accroissement du bien-être moral et matériel de l'humanité. » En vain, le colonel Gilinsky avait essayé, à la séance du 26 juin 1899, d'arriver à un résultat plus pratique. Vainement M. Bourgois avait soutenu le délégué russe de sa grande éloquence qui, disent les procès-verbaux de la Conférence, fit une grande impression sur les délégués. Inutilement, le baron de Bildt, délégué suédois, et le premier délégué belge, M. Beernaert, avaient appuyé la proposition russe avec une grande énergie. Rien n'y fit. L'Allemagne, mettant en avant les nécessités de son septennat militaire, s'opposa à toute décision ferme sur la réduction et l'arrêt des armements ; et l'on dut s'en tenir à la formule platonique ci-dessus indiquée.

La question de la réduction et de l'arrêt des armements devait être reprise à la seconde Conférence, car le premier ministre anglais, sir Campbell Bannermann, avait formellement déclaré, le 10 mai 1907, aux Communes anglaises, qu'il avait l'espoir de faire faire quelque chose à ce sujet. La limitation des armements se présentait donc comme une promesse électorale du parti libéral, qui ne pouvait être abandonnée. Mais le prince de Bulow, grand chancelier de l'empire allemand, avait déjà déclaré au Reischtag, dans la séance du 30 avril 1907, que, si la question était soulevée, l'Allemagne s'abstiendrait d'y prendre part. Quoi qu'il en soit, adoptant l'idée anglaise, le gouvernement des États-Unis a pris le premier l'initiative de la soumettre à la Conférence ; et les gouvernements espagnol et belge ont déclaré qu'ils seraient disposés à la traiter. Le gouvernement de la République française a fait savoir, dès les premiers moments, que, si le problème était posé, il était prêt à l'examiner, tout en estimant qu'il faudrait chercher une formule concrète qui ne serait peut-être pas commode à trouver (déclaration de M. Pichon à la Chambre, du 7 juin 1907). L'Autriche-Hongrie devait conformer son attitude à celle de l'Allemagne, et le Japon s'abstenir de toute discussion sur ce point. L'Italie faisait des réserves et la Russie s'en tenait à son programme antérieur.

Finalement, le délégué anglais, M. Fry, a nettement posé la question devant la Conférence, qui ne pouvait aboutir à aucun résultat pratique en présence de l'opposition de certains États et de la difficulté pour les autres de trouver la formule de nature à rallier tous les suffrages.

Le délégué anglais défendit éloquemment la motion de réduction des armements ; il répéta les arguments si connus sur les charges écrasantes que les armements à outrance imposent à l'Europe, et rappela les chiffres énormes des budgets guerriers des principales puissances.

Au cours de la séance plénière du 17 août, il proposa, comme sanction de sa proposition, le texte suivant :

« La Conférence confirme la résolution adoptée par la Conférence de 1899 à l'égard de la limitation des charges militaires et, vu que les charges militaires se sont considérablement accrues dans presque tous les pays depuis ladite année, la Conférence déclare que la question est plus que jamais urgente et qu'il est désirable de voir les gouvernements reprendre l'étude de cette question. »

M. Nélidoff, le président de la Conférence, premier délégué russe, crut devoir répondre lui-même au discours de sir Fry. Il se déclara partisan absolu de la proposition anglaise ; applaudit à son initiative et demanda à la Conférence de l'accueillir par d'unanimes acclamations, ce qui fut fait.

Mais il fit entrevoir en même temps les difficultés auxquelles se heurterait l'application de cette proposition. La pratique de la vie, dit-il, ne répondait pas à ce vœu idéal que seuls deux États américains, l'Argentine et le Chili, avaient pu appliquer, en concluant, le 28 mai 1902, une convention de limitation de leurs forces navales. Il faisait allusion aux guerres qui ont suivi la Conférence de 1899 ; et l'on sentait, dans ses paroles sciemment voilées, le formidable point d'interrogation que le problème soulève.

Qui commencera à réduire ? Comment constatera-t-on la réduction ? Quelle sera la sanction au cas de refus de désarmer ou de reprise des armements ? Toutes les puissances les mieux ou les plus mal outillées désarmeront-elles dans la même proportion ? Agira-t-on pour les forces navales comme pour les forces terrestres ? Désarmera-t-on tant que seront pendantes les questions d'Alsace-Lorraine et des Balkans, pour ne parler que des principales parmi celles qui divisent l'Europe ? Tout cela, M. Nélidoff ne le disait pas ; mais on le sentait entre les phrases, comme nous le sentons nous tous, quand nous nous préoccupons de cette brûlante question du désarmement partiel ! Finalement, la Conférence s'en est tenue à la formule proposée par le délégué anglais, rappelant, comme on l'a vu, la résolution adoptée en 1899, et déclarant qu'il est désirable de voir les gouvernements reprendre l'étude de la question de la limitation des charges militaires devenue encore plus urgente depuis la première Conférence de la Paix.

Nous avons examiné jusqu'ici le côté *négatif* de la Conférence de 1907. Abordons maintenant son côté *positif*, en suivant l'ordre des textes adoptés.

§ I. — *Convention pour le règlement pacifique des conflits internationaux.*

En 1899, la première Conférence de la Paix avait adopté une convention, en 69 articles, dans laquelle était codifiée la matière des bons offices, de la médiation et de l'arbitrage. Ses dispositions étaient fort utiles, car, spécialement, la procédure de l'arbitrage avait été jusque-là trop laissée à la discrétion absolue des diverses commissions arbitrales. La convention réglait les principes applicables à l'arbitrage isolé et aux traités d'arbitrage permanent, sans avoir pu, nous l'avons dit, arriver à rien constituer en matière d'arbitrage obligatoire.

Les deux créations les plus originales de la convention de 1899 furent les *commissions internationales d'enquête* et la *Cour permanente d'arbitrage de La Haye.*

Voici comment son article 9 précise le but de la commission internationale d'enquête :

« Dans les litiges d'ordre international n'engageant ni l'honneur ni des intérêts essentiels et provenant d'une divergence d'appréciation sur des points de fait, les puissances signataires jugent utile que les parties qui n'auraient pu se mettre d'accord par les voies diplomatiques, instituent, en tant que les circonstances le permettront, une commission internationale d'enquête chargée de faciliter la solution de ces litiges en éclaircissant, par un examen impartial et consciencieux, les questions de fait. »

Les textes suivants se préoccupent de la procédure et de la portée des actes accomplis par la commission.

« *Art. 10.* — Les commissions internationales d'enquête sont constituées par convention spéciale entre les parties en litige.

» La convention d'enquête précise les faits à examiner et l'étendue des pouvoirs des commissaires.

» Elle règle la procédure.

» L'enquête a lieu contradictoirement.

» La forme et les délais à observer, en tant qu'ils ne sont pas fixés par la convention d'enquête, sont déterminés par la commission elle-même.

» *Art. 12.* — Les puissances en litige s'engagent à fournir à la commission internationale d'enquête, dans la plus large mesure qu'elles jugeront possible, tous les moyens et toutes les facilités nécessaires pour la connaissance complète et l'appréciation exacte des faits en question. »

Enfin, l'article 14 déclare que le rapport de la commission d'enquête n'a nullement la force d'une sentence arbitrale obligatoire, et que les parties sont absolument libres d'en accepter ou d'en rejeter les conclusions.

Ainsi limitée à la pure constatation des faits et ne s'imposant avec aucun caractère obligatoire, la commission internationale d'enquête paraissait ne devoir soulever aucune protestation. Et, pourtant, elle fut l'objet des discussions les plus vives ; mais M. de Martens n'eut pas de peine à mettre en lumière ses avantages évidents qui peuvent se résumer ainsi. Elle éclaire l'opinion souvent égarée et irritée ; elle permet de gaguer du temps et, laissant ainsi le sentiment national se calmer, elle peut éviter la guerre. Elle sert, en quelque sorte, de soupape de sûreté. On en a eu la preuve à propos de l'incident de Hull. Dans la nuit du 21-22 octobre 1904, durant la guerre russo-japonaise, la flotte russe de la Baltique tira, dans la mer du Nord, sur des chalutiers anglais de Hull, blessant et tuant des pêcheurs et endommageant leurs bateaux. Cette conduite souleva en Europe un profond étonnement, et produisit en Angleterre une émotion telle que l'on craignit, un moment, une déclaration de guerre. Finalement tout s'arrangea, grâce à une commission internationale d'enquête instituée en vertu d'un accord du 25 novembre 1904. La commission réduisit l'affaire à ses vraies proportions et indemnisa largement les victimes de ce tragique incident (1).

La seconde création originale de la Conférence de la Paix de 1899 a consisté, avons-nous dit, dans l'institution de la *Cour arbitrale permanente*.

Il est à remarquer que la conception d'un tribunal permanent d'arbitrage ayant une compétence sans limite, réglant par les voies de droit tous les litiges internationaux sans exception et rendant désormais la guerre impossible, n'est pas nouvelle dans les relations internationales. Elle se relie dans le lointain des âges à l'idée de la paix perpétuelle ardemment recherchée par les uns, déclarée irréalisable ou raillée par les autres.

La Conférence de 1899, ayant à choisir entre des projets multiples, s'était arrêtée à la combinaison suivante, acceptée non sans difficulté par l'Allemagne, qui faillit la faire rejeter comme l'arbitrage obligatoire.

---

(1) Voir les débats de cette affaire dans le tome I⁰ de notre *Traité de droit public international*, 1905, pages 442 et suiv.

L'article 22 de la convention, qui la consacre, établit à La Haye un Bureau international servant de greffe à la Cour et conservant les archives. Il est l'intermédiaire entre les gouvernements pour les communications relatives à la Cour arbitrale et gère les affaires administratives. Il assure donc l'unité de correspondance entre les Etats qui lui communiquent tout ce qui est relatif à l'exécution des sentences de la Cour ; et, par sa fonction permanente, constitue ainsi le signe apparent et respecté de l'idée supérieure de droit et d'humanité dans le monde (1).

L'article 23 indique ensuite la composition de la Cour arbitrale, dans les termes suivants :

« Chaque puissance signataire désignera, dans les trois mois qui suivront la ratification par elle du présent acte, quatre personnes, au plus, d'une compétence reconnue dans les questions de droit international, jouissant de la plus haute considération morale et disposées à accepter les fonctions d'arbitres.

» Les personnes ainsi désignées seront inscrites, au titre de membres de la Cour, sur une liste qui sera notifiée à toutes les puissances signataires par les soins du Bureau.

» Toute modification à la liste des arbitres est portée, par les soins du Bureau, à la connaissance des puissances signataires.

» Deux ou plusieurs puissances peuvent s'entendre pour la désignation en commun d'un ou de plusieurs membres.

» La même personne peut être désignée par des puissances différentes.

---

(1) Rapport de M. Bourgeois au Ministre français des affaires étrangères au nom de la délégation française de La Haye et *Procès-verbaux de la Conférence*, 4ᵉ partie, pages 117 et 118.

» Les membres de la Cour sont nommés pour un terme de six ans. Leur mandat peut être renouvelé.

» En cas de décès ou de retraite d'un membre de la Cour, il est pourvu à son remplacement selon le mode fixé pour sa nomination. »

Comment, ensuite, de cette liste générale retirera-t-on le jury spécial devant juger dans chaque affaire déterminée et disparaissant avec cette affaire ? L'article 24 traite ce point :

« Lorsque les puissances signataires veulent, dit le texte, s'adresser à la Cour permanente pour le règlement d'un différend survenu entre elles, le choix des arbitres appelés à former le tribunal compétent pour statuer sur ce différend, doit être fait dans la liste générale des membres de la Cour.

» A défaut de constitution du tribunal arbitral par l'accord immédiat des parties, il est procédé de la manière suivante :

» Chaque partie nomme deux arbitres et ceux-ci choisissent ensemble un surarbitre.

» En cas de partage des voix, le choix du surarbitre est confié à une puissance tierce, désignée d'un commun accord avec les parties.

» Si l'accord ne s'établit pas à ce sujet, chaque partie désigne une puissance différente et le choix du surarbitre est fait de concert par les puissances ainsi désignées. »

La deuxième Conférence de 1907 a apporté peu de changements aux commissions internationales d'enquête. On en a heureusement simplifié la procédure, trop longue et trop compliquée ; et cette simplification est de nature à rendre plus accessibles ces commissions qui avaient été fort délaissées (1).

____

(1) Par contre, la convention de 1899 ne contenait presque

Pour le surplus, la Conférence a adopté presque complètement, sauf quelques légères modifications de détail, la convention de 1899 sur le règlement pacifique des conflits internationaux. Signalons seulement les articles 86 à 90 qui, sous le nom de *procédure sommaire* d'arbitrage, organisent, si les parties le veulent, une procédure plus rapide et plus expéditive que la procédure normale de l'arbitrage.

Il n'a été rien changé quant à la Cour arbitrale : c'est toujours dans une liste de quatre juges, dressée par chaque puissance, qu'est choisi le jury pour chaque procès.

Mais un parti puissant dans la Conférence voulait une Cour composée de juges de carrière, permanents et inamovibles. Il prétendait que des juges transitoires n'avaient pas l'autorité de juges permanents ; étaient plus difficiles à réunir dans l'intérêt d'une justice peu coûteuse et expéditive.

On peut, au contraire, soutenir que cette magistrature permanente n'a pas l'autorité de juges choisis dans chaque espèce par les parties et qui sont, par suite, véritablement investis de leur confiance. D'autre part, il est à redouter que des juges internationaux de carrière, placés pour ainsi dire au-dessus des pouvoirs souverains des Etats, ne s'attribuent une importance trop considérable, et ne tardent pas à s'ériger en une sorte de sénat dirigeant, dont l'influence, mise au

---

aucune règle véritablement pratique sur le fonctionnement des commissions. Aussi, en 1904, la commission chargée de solutionner l'incident de Hull dut élaborer une sorte de code de procédure à son usage particulier. La convention nouvelle contient un ensemble de règles générales suffisamment détaillées et point trop gênantes, qui faciliteront singulièrement le travail des commissaires. Consulter Fromageot dans le *Bulletin de la Société de législation comparée*, 1908, pages 156 et 167 et Lémonon, *La Seconde Conférence de la Paix*, pages 73 et suivantes.

service d'ambitions habiles, finirait par devenir un danger pour certaines nations... On peut faire remarquer, en second lieu, que les litiges des Etats ne seraient pas suffisants pour occuper, d'une manière constante, un tribunal ; aussi la permanence des fonctions judiciaires, qui a sa raison d'être dans les tribunaux ordinaires, ne se conçoit-elle pas pour le tribunal international ; et il semble bien inutile de faire supporter aux nations les frais relativement considérables que nécessiterait le fonctionnement permanent de cette dernière juridiction. Enfin, le choix des magistrats permanents et leur révocation, le cas échéant, pourraient facilement devenir la source de difficultés sérieuses et de conflits entre les Etats. En effet, ou le tribunal comptera un représentant de chaque Etat et dans ce cas, suivant nous, les juges seront trop nombreux ; ou ses membres seront réduits et alors on voit apparaître en germe les causes de conflit... D'un autre côté, qui sera chargé de prononcer la révocation, quand elle s'imposera ? Ce ne sera pas sûrement l'Etat ayant nommé le magistrat à révoquer ; et l'on peut se demander si les collègues de celui-ci ou les autres Etats auront, pour statuer sur ce point, l'indépendance et l'autorité nécessaires. Dès lors, aux magistrats permanents et inamovibles il faut préférer des juges nommés pour chaque affaire, des *jurés*, en un mot ; et décider que la *juridiction seule* doit être *permanente*, tandis que ceux qui l'exerceront seront choisis, dans chaque affaire, comme le sont les *arbitres* nommés pour statuer sur un litige isolé (1).

---

(1) Consulter à ce sujet notre *Traité théorique et pratique de l'arbitrage international* couronné en 1896 par l'Académie des Sciences morales et politiques, nᵒˢ 460 et 461. Voir le volume précité sur la *Conférence de la Paix* de 1899, nᵒˢ 139 et suiv., et

Les inconvénients que nous venons de signaler, qui avaient été fortement exposés dans la première Conférence de La Haye (1), n'ont pas arrêté les partisans de la permanence de l'institution; et celle-ci eût peut-être triomphé à la seconde Conférence, si des difficultés insurmontables ne s'étaient produites relativement à la nationalité des juges appelés à siéger dans cette juridiction.

Finalement la Conférence s'est bornée à élaborer un projet de convention relative à l'établissement d'une Cour de justice arbitrale. Elle a recommandé aux puissances signataires l'adoption de ce projet suivant lequel la Cour est composée de juges titulaires et de juges suppléants, choisis autant que possible dans la Cour permanente d'arbitrage et nommés pour une période de douze ans, avec mandat renouvelable. Les juges recevraient une indemnité annuelle de 6.000 florins néerlandais.

La Cour projetée se réunit en session obligatoire, au moins une fois par an, au mois de juin ; elle siège à La Haye, et statue sur tous les cas qui lui sont soumis en vertu des conventions générales d'arbitrage ou de compromis particuliers. Elle peut aussi procéder à des enquêtes. Elle se prononce également sur les différends provenant de dettes contractuelles. Les arrêts de la Cour sont motivés et signés par le président et le greffier (2).

---

le premier volume de notre *Traité de droit international* précité, pages 548 et suiv.

(1) *Procès-verbaux* de la Conférence de la Paix précités, *ibidem*, page 118.

(2) Voir, sur ces points, Lémonon, *loc. cit.*, pages 188 et suiv.

§ II. — *Convention concernant la limitation de l'emploi de la force pour le recouvrement des dettes contractuelles.*

Un État a-t-il le droit d'employer la force, lorsque l'on ne satisfait pas aux obligations contractées à son égard ? Un particulier ne peut se faire justice lui-même et doit s'adresser aux tribunaux ; mais un État peut être tenté d'aller contre cette règle; et il semble bien difficile de l'en empêcher, en présence surtout de la mauvaise foi de son débiteur. En 1902, l'Allemagne, l'Angleterre et l'Italie eurent recours à la force vis-à-vis du Venezuela, à raison de certaines dettes restées impayées ; et la Cour arbitrale de La Haye, par un jugement en date du 22 février 1904, décida que, par cet acte de violence, elles avaient obtenu la priorité à l'encontre des autres puissances créancières du même pays, qui s'étaient bornées à de simples réclamations pacifiques.

Cette doctrine a été blâmée avec raison, car il ne convient pas de concéder une prime à la force dans les rapports internationaux, étant donné que les États ne sont que trop portés à y recourir (1).

Sous l'influence de cette idée et du souvenir du jugement de 1904, un diplomate argentin, M. le Dʳ Drago, ancien ministre des relations extérieures à Buenos-Aires, prit l'initiative d'une proposition interdisant l'emploi de la force pour le recouvrement des dettes entre États. M. Drago fait remarquer que les emprunts étatiques sont soumis au droit constitutionnel interne, en

---

(1) Consulter sur ces points notre *Traité de droit public international* précité, tome Iᵉʳ, pages 562 et suiv.

sorte qu'on doit épuiser, avant de recourir aux négociations diplomatiques et surtout à la guerre, tous les recours devant les juridictions locales. L'intervention ne devient licite que si les pouvoirs locaux refusent de faire justice. Du reste, quand un Etat suspend ses paiements, on se trouve en présence d'un cas analogue à celui d'une société anonyme en faillite, avec cette différence cependant que la société disparaît définitivement, tandis que l'Etat peut redevenir solvable. Enfin, la force fait le jeu des financiers, car la spéculation se mêle de l'affaire dès que l'intervention est annoncée. Et la hausse des titres se produit ordinairement au profit de porteurs autres que ceux pour lesquels on intervient, et même souvent de nationalités étrangères (1).

Mue par ces considérations, la Conférence a adopté une convention aux termes de laquelle la force armée ne sera plus autorisée pour le recouvrement des dettes contractuelles entre Etats, à moins que l'Etat débiteur ne se refuse à un arbitrage ou n'exécute point la sentence arbitrale intervenue.

§ III. — *Convention relative à l'ouverture des hostilités.*

Les hostilités entre Etats doivent-elles être précédées d'une déclaration de guerre ? C'est là un point controversé parmi les jurisconsultes. Quelques nations ont cru devoir se soustraire à cette déclaration, spécialement l'Angleterre qui, par la possession de la plupart des câbles sous-marins et ses nombreux navires, peut porter au commerce ennemi des coups irrémédiables, sans rien craindre pour elle-même, grâce à sa situation

---

(1) Consulter sur ces points les articles de MM. Drago et Moulin, dans la *Revue générale de droit international public*, 1907, pages 251 et suiv. C. p. r., Lémonon, *loc. cit.*, pages 96 et suiv.

de puissance insulaire. Aussi, ses juristes se prononcent-ils contre la déclaration qu'acceptent, au contraire, en général, les juristes des États continentaux, qui ne peuvent, comme la Grande-Bretagne, éviter les surprises d'une guerre soudaine et non déclarée. Le Japon, dans sa dernière guerre avec la Russie, procéda aux premières opérations de guerre en torpillant les vaisseaux de Port-Arthur, sans déclaration de guerre nette et déterminée. Nous crûmes devoir relever cette violation des règles du droit des gens, dans une note courtoise, à laquelle répondit non moins courtoisement la légation japonaise de Paris (1).

Il semble qu'une déclaration soit indispensable si l'on veut éviter que la guerre ne ressemble à l'attaque d'un bandit et donner, d'autre part, un point de départ exact aux conséquences nombreuses que les hostilités vont produire. C'est elle, notamment, qui fixera l'ouverture du droit de saisir les vaisseaux ennemis, de capturer des prisonniers, d'interdire aux neutres de se livrer à la contrebande de guerre. Enfin, intervenant, suivant les cas, avec le concours des pouvoirs constitutionnels, elle fait que la guerre est le résultat non d'une surprise, mais de la volonté nettement arrêtée des peuples et des gouvernements (2).

La grosse difficulté était de savoir si un délai ne doit pas s'écouler entre la déclaration et le commencement des hostilités. Au cas où ce délai n'est pas accordé, si court soit-il, la déclaration demeure sans utilité. Pourquoi, en effet, déclarer, par exemple, qu'on va envahir, si l'on envahit en même temps ? Mais,

---

(1) *Journal des Débats*, n°² des 4, 7 et 11 mars 1904.

(2) Voir sur tous ces points les détails donnés dans notre ouvrage sur les *Lois et coutumes de la guerre sur terre*, 1903, n°² 14 et suivants, ouvrage précédé d'un témoignage de satisfaction du Ministre de la guerre.

d'autre part, donner un délai, n'est-ce pas compromettre la rapidité de la mobilisation, qui est le facteur principal du succès dans la guerre moderne ?

Enfin, à quelles formalités soumettre la déclaration ? Les Romains et les peuples du moyen âge usaient de formes solennelles qui, maintenant, seraient bien surannées. De nos jours, les Etats voulant déclarer la guerre usent, en général, de la notification par la voie diplomatique; c'est ce qui eut lieu notamment dans les guerres franco-allemande et turco-russe.

Sur tous les points qui précèdent, des discussions fort vives ont eu lieu à la Conférence; et, finalement, ne pouvant se mettre d'accord sur les détails, les délégués se sont bornés à affirmer le principe de la nécessité d'un avertissement préalable et non équivoque précédant les hostilités, sous forme de déclaration de guerre motivée, ou d'un ultimatum avec déclaration de guerre conditionnelle. L'état de guerre doit être notifié sans retard aux puissances neutres, et ne produira son effet à leur égard qu'après cette notification, qui pourra avoir lieu même par la voie hiérarchique. Toutefois, elles ne seraient pas en droit d'invoquer l'absence de notification, s'il était établi d'une manière non douteuse qu'en fait elles connaissaient l'état de guerre (1).

§ IV. — *Convention concernant les lois et coutumes de la guerre sur terre.*

Sur cette matière, la convention de La Haye de 1899 avait édicté une série de dispositions dans lesquelles étaient codifiées les règles déjà antérieurement admises par la majorité des publicistes et des Etats.

---

(1) Conf. Lémonon, *loc. cit.*, pages 395 et suiv.

Il peut paraître paradoxal, au premier abord, de parler de lois et de droit à propos de la guerre, puisque la force et la violence, qui se donnent libre carrière quand deux puissances entrent en lutte, sont la négation même de l'idée de droit.

Dans certains cas, cependant, le droit et la force peuvent ne pas être en conflit, car si les guerres justes sont trop souvent l'exception, elles n'en existent pas moins, notamment quand un peuple se défend contre des agressions injustifiées.

D'autre part, on conçoit fort bien que, même en présence du déchaînement de la force brutale, on songe à créer une doctrine internationale destinée à présider aux rapports nécessaires qui s'établissent entre les ennemis les plus acharnés ; à limiter, dans la mesure du possible, les atrocités de la lutte ; à sauvegarder, dans la même mesure, la bonne foi entre les belligérants ; à atténuer et localiser les excès de toute sorte.

A toutes les époques, même quand la guerre était l'état à peu près ordinaire des rapports internationaux, des philanthropes ont essayé d'imposer un frein aux fureurs qu'elle engendre. Grotius, le premier, dans son célèbre traité du *Droit de la guerre et de la paix*, publié pour la première fois à Paris en 1625, a coordonné en un corps de doctrines les préceptes isolés de ses prédécesseurs. Sur les traces de Grotius, les publicistes du XVIIIe et du XIXe siècles ont poursuivi la codification du droit des gens et provoqué de nombreuses conférences internationales, notamment celles de Genève de 1864, revisée en 1907, sur le service hospitalier, et de Saint-Pétersbourg, de 1868, sur la prohibition des balles explosibles de petit calibre.

La Conférence de 1899 avait édicté un règlement concernant les *lois et coutumes de la guerre sur terre*, dont toutes les dispositions ont été reproduites dans un règlement semblable annexé à la même convention refondue de 1907. Il n'est pas possible d'entrer ici dans les détails de ce règlement qui constitue un code complet à l'usage des troupes de terre. Par la simple indication des points dont il traite, on se rendra facilement compte de la grande importance de cet instrument diplomatique.

Il s'occupe : 1° de la *qualité de belligérant* et établit la distinction importante des non-combattants et des combattants, ces derniers formés des diverses branches des armées : active, réserve, territoriale, landwher, landsturm, corps francs, levée en masse ; 2° des *prisonniers de guerre* et crée pour eux l'utile bureau de renseignements autrefois inconnu, qui donne au prisonnier des nouvelles de la famille et à la famille des nouvelles du prisonnier ; 3° des *hostilités*, à propos desquelles il distingue les moyens de guerre licites et illicites ; 4° des *espions* ; 5° des *parlementaires* ; 6° des *capitulations* ; 7° de l'*armistice* ; 8° des *droits et devoirs de l'autorité militaire en pays ennemi*. Sous cette dernière rubrique, est réglementée la matière si délicate et si incertaine encore des *réquisitions et contributions de guerre* (1).

Une remarque est à faire à propos de ce règlement. Les textes qui le composent doivent être portés à la connaissance des troupes des puissances signataires, dans des instructions qui seront données par ces puissances elles-mêmes. Or, si à la suite de la Conférence de la Paix de 1899, plusieurs, comme la France, la Russie, l'Angleterre et la Suisse, ont mis en vigueur

---

(1) Voir sur tous ces points notre ouvrage précité sur les *Lois et coutumes de la guerre sur terre*, nᵒˢ 41 et suiv., et spécialement, quant aux réquisitions et contributions de guerre, notre article paru dans cette Revue (année 1904, p. 1093).

ce règlement dans leurs armées par des décisions
formelles des autorités compétentes, d'autres, plus
nombreuses, n'ont encore rien fait à cet égard, notamment l'Allemagne et l'Autriche-Hongrie (1). Il serait
pourtant désirable de voir tous les Etats signataires
se conformer à l'engagement pris, en faisant passer
dans leurs armées, par des ordres formels, les décisions du règlement de 1899 renouvelé et réaccepté en
1907.

§ V. — *Convention concernant les droits et les devoirs
des puissances et des personnes neutres, en cas de
guerre sur terre.*

La Conférence de La Haye de 1899 n'avait porté que
quelques dispositions insignifiantes sur la neutralité
terrestre. On peut citer l'article 54 relatif au matériel
des chemins de fer des Etats ou des sociétés neutres
et les articles 57 à 60 concernant les prisonniers et
blessés en territoire neutre. Il y avait là une lacune
évidente, que comble en partie la convention que nous
étudions. Tout d'abord, cette convention confirme les
dispositions de celle de 1899 relativement aux prisonniers et blessés en territoire neutre.

On doit, d'après les articles 11 et suivants, interner
les troupes réfugiées sur ce territoire, autant que possible loin du théâtre de la guerre; leur fournir les
vivres, habillements et secours nécessaires, sauf restitution, lors de la paix, des frais occasionnés par l'in-
ternement. Quant aux réfugiés isolés, ils sont laissés
en liberté avec assignation possible de résidence.

---

(1) Voir notre étude sur les théories du grand état-major allemand, parue dans la *Revue générale de droit international public*,
en 1907; tirage à part, pages 8 et suiv.

La puissance neutre peut autoriser le passage sur son territoire des blessés ou malades des armées belligérantes, pourvu que les convois qui les amènent ne contiennent ni personnel, ni matériel de guerre. Ces blessés et malades ne pourront plus désormais participer à la guerre et le neutre prendra, à cet effet, les précautions nécessaires.

Le chapitre III de la convention indique quelles sont les personnes que l'on doit considérer comme neutres : ce sont les nationaux des États non belligérants. Mais ces neutres ne peuvent se prévaloir de la neutralité, s'ils commettent des actes soit hostiles à l'un des belligérants, soit en sa faveur, notamment s'ils s'enrégimentent dans les forces belligérantes.

On ne considère pas comme actes commis en faveur d'un des belligérants et contraires à la neutralité, les fournitures faites ou les emprunts consentis, pourvu que le fournisseur ou le prêteur n'habite pas le territoire de l'autre partie ou le territoire occupé par elle et que les fournitures ne proviennent pas de ces territoires. Egalement, on donne le même caractère aux services rendus en matière de police ou d'administration civile.

Toutes ces décisions sont importantes ; mais les principales résultent du chapitre Ier de la convention, qui définit les droits et les devoirs des puissances neutres. Le territoire de ces puissances est, suivant l'article 1er, inviolable ; et il est interdit d'y faire passer des troupes et des convois de belligérants, des munitions et approvisionnements. De même, ce territoire ne peut recevoir des appareils destinés à servir de moyens de communication avec des forces belligérantes de terre ou de mer, spécialement des stations radio-télégraphiques, ou permettre l'utilisation des procédés et appareils existants avant la guerre. Les belligérants ne peuvent effectuer ces actes et les neutres ne doivent pas les tolérer (art. 5).

Cette décision va devenir extrêmement importante avec l'extension de plus en plus grande que prend la télégraphie sans fil. Et voilà pourquoi la Conférence y a, avec raison, insisté tout particulièrement.

L'article 4 interdit la formation de corps de combattants et l'ouverture de bureaux d'enrôlement au profit des belligérants sur le territoire des neutres. Cependant, aux termes de l'article 5, la responsabilité n'est pas engagée par le fait que des individus isolés passent la frontière pour s'engager au service d'un belligérant.

Mais la puissance neutre, suivant les articles 7 et 8, n'est pas tenue d'empêcher : 1° l'exploitation ou le transit, pour le compte d'un belligérant, d'armes, munitions et en général d'objets pouvant servir à une armée ou à une flotte ; 2° l'utilisation des câbles télégraphiques ou téléphoniques, ainsi que des appareils de télégraphie sans fil qui sont sa propriété ou celle de compagnies ou de particuliers.

En tout cas, dans les mesures restrictives ou prohibitives par elle prises, la puissance neutre est tenue d'avoir une conduite uniforme vis-à-vis de tous les belligérants (art. 9). On ne saurait d'ailleurs considérer comme acte hostile de sa part le fait de repousser, même par la force, les atteintes à sa neutralité (art. 10), car alors elle accomplit précisément le devoir que la neutralité lui impose (1).

Ces règles reflètent, en général, la doctrine internationale relativement aux droits et devoirs des neutres. Dans notre ouvrage sur les *lois et coutumes de la guerre sur terre*, aux n°ˢ 167 et suivants, nous les avons condensées sous les trois propositions suivantes :

---

(1) Conf., sur ces points, Lémonon, *loc. cit.*, pages 407 et suiv.

1° les neutres ne doivent ni directement ni indirectement favoriser un des belligérants au détriment d'un autre ; 2° les neutres doivent s'abstenir de toute fourniture aux belligérants, en subsides, troupes, matériel et munitions de guerre ; 3° les neutres doivent absolument se refuser à laisser leur territoire devenir le théâtre d'opérations belligérantes.

Il était bon qu'une prescription internationale ferme intervînt, car les neutres avaient plusieurs fois méconnu leurs devoirs les plus essentiels, pourtant en général rappelés soit dans les actes permanents de neutralité, soit dans les proclamations spéciales établies lors de chaque guerre. Ainsi, durant la guerre anglo-boer, l'Angleterre put réunir, en divers pays et notamment aux Etats-Unis de l'Amérique du Nord, une grande quantité de mercenaires et de muletiers. Et la Russie, lors de son conflit avec le Japon, en 1904, se plaignit énergiquement des violations de neutralité commises à son préjudice par la Corée.

L'article 19 de la convention vise le matériel des chemins de fer des neutres ; il prescrit de ne le réquisitionner que dans les cas d'absolue nécessité, en recommandant de le renvoyer le plus tôt possible dans le pays d'origine. Cette disposition rappelle celle de l'article 54 du règlement de 1899. On avait proposé d'aller jusqu'à interdire absolument l'utilisation de ce matériel au profit des belligérants ; mais il n'a pas paru possible d'aller jusque-là.

§ VI. — *Convention relative au régime des navires de commerce ennemis, au début des hostilités.*

Trop souvent, certaines puissances, spécialement l'Angleterre, ont commencé une guerre maritime en saisissant des vaisseaux de commerce qui étaient venus chez elles sur la foi de la paix. La convention dispose donc, dans son article 1er, qu'il est désirable qu'un délai soit accordé à ces navires pour quitter les eaux ennemies et regagner leur port de destination ou un autre désigné.

Suivant l'article 2, le vaisseau qui n'a pu quitter le port par cas de force majeure, ou qui a été retenu, ne doit pas être confisqué, mais seulement saisi avec obligation de le restituer après la guerre, sans indemnité ; on peut le réquisitionner avec indemnité.

On agit de même vis-à-vis des vaisseaux de commerce rencontrés en mer et ignorant les hostilités (art. 3). On peut les détruire, si le besoin s'en fait sentir, mais à charge d'indemnité (art. 3).

Les marchandises sont également sujettes à saisie avec restitution sans indemnité ou à réquisition avec indemnité (art. 4).

La convention ne vise que les navires de commerce véritables et non ceux dont la construction indique qu'ils doivent être transformés en bâtiments de guerre.

§ VII. — *Convention relative à la transformation des navires de guerre en bâtiments de commerce.*

Il est arrivé que certains États ont donné à leurs navires un caractère mixte et en ont fait à la fois des navires de commerce et de guerre.

Ainsi la Russie doit, comme toute autre puissance, obtenir l'autorisation de la Porte pour faire passer ses navires de guerre par les détroits du Bosphore et des Dardanelles. Pour éviter de demander cette autorisation qui pourrait lui être refusée, elle a donné quelquefois aux navires qu'elle veut faire transiter, l'aspect de bâtiments de commerce et puis, les détroits passés,

les a armés en guerre. Cette pratique est-elle licite ?
L'Angleterre protesta énergiquement contre elle, lors
de la guerre russo-japonaise ; et les auteurs divisés
ont approuvé ou blâmé la conduite de la Russie. En la
supposant licite, elle a cet inconvénient de mêler la
marine de commerce à la guerre et de rétablir, par
suite, d'une façon détournée, la *course*, c'est-à-dire
cette institution ancienne par laquelle un Etat en guerre
se faisait aider, dans la lutte maritime, par des particuliers munis d'une commission officielle et appelés
corsaires. Or, la course, à raison des excès qu'elle avait
provoqués, a été formellement bannie par la déclaration de Paris de 1856.

La convention autorise la transformation, mais en
prenant les précautions voulues pour que le bâtiment
apparaisse bien ostensiblement avec son caractère
nouveau. Il doit être placé sous l'autorité, le contrôle
immédiat et la responsabilité de la puissance dont le
pavillon est arboré ; le commandant est un officier de
l'Etat ; l'équipage demeure soumis aux règles de la dis-
cipline militaire et observe les lois et coutumes de la
guerre. En un mot, il faut que la transformation soit
définitive ; le navire, dès lors, doit être inscrit sur la
liste des bâtiments de la flotte militaire, sans pouvoir,
véritable caméléon, devenir, suivant le besoin du moment, tantôt bâtiment de commerce et tantôt bâtiment
de guerre (1).

---

(1) Lémonon, *loc. cit.*, pages 611 et suiv.

§ VIII. — *Convention relative à la pose des mines sous-marines automatiques de contact.*

Il s'agit ici de ces dangereux engins appelés *torpilles errantes*, dont la guerre russo-japonaise a fait apercevoir les conséquences redoutables. Elles rendent réellement la mer innavigable, car personne n'est à l'abri de leur atteinte. Elles sont, en effet, posées un peu au hasard, s'éloignent par le mouvement des flots et vont frapper longtemps après des navires inoffensifs, comme ces obus égarés éclatant ensuite entre les mains des imprudents qui les trouvent sur les champs de bataille et les manient sans précaution. L'histoire a conservé, entre autres, les noms du *Pétropowslosk* et du *Hattsuo* qui, au cours de la guerre russo-japonaise, furent anéantis par des torpilles sous-marines. Le golfe de Petchili fut semé de perfides machines à système d'horlogerie et à bascule perfectionnés, monstres marins d'un genre nouveau allant et venant sous les eaux, circulant à l'entrée des ports et détruisant sans distinction de pavillon tous les navires passant à leur portée. La Russie et le Japon ne sauront jamais si leurs navires torpillés lors de la dernière guerre l'ont été par leurs propres mines ou par des mines ennemies. Et comme les mers se communiquent, rien ne dit que longtemps encore, à travers les immensités, les vaisseaux des neutres ne seront pas exposés à sauter sous le choc de torpilles errantes ou ayant cassé leurs chaînes.

Il eût été fort simple de proscrire ces engins plus redoutables, on le voit, que les balles de petit calibre interdites par la convention de Saint-Pétersbourg de 1868. La Conférence de 1907 a pris un moyen terme : elle a prohibé les mines non amarrées, à moins qu'elles ne soient de nature à devenir inoffensives une heure

au plus après qu'on aura perdu leurs traces, et les
mines de contact amarrées qui ne deviendraient pas
inoffensives après avoir perdu leurs amarres. Elle défend également d'employer des torpilles qui ne deviendraient pas inoffensives après avoir manqué leur but.
Il est permis de se demander si, en l'état actuel de la
science, de pareilles conditions sont réalisables.

La convention prend ensuite beaucoup de précautions pour éviter les accidents ; elle stipule que les
mines devront être surveillées, indiquées par des avis
et de nature à devenir inoffensives après un temps li-
mité, sans pouvoir aboutir à l'interdiction de la navigation de commerce. A la fin de la guerre, on doit faire
toutes les diligences possibles pour enlever les mines
qui auraient été placées au cours des hostilités.

Les puissances neutres devront, si elles placent des
mines de contact le long de leurs côtes, prendre les
mêmes précautions que les belligérants, et faire aussi
connaître, par un avis préalable, les régions de mouil-
lage de ces mines.

Les puissances qui ne disposent pas encore des mines perfectionnées prévues dans la convention, doivent
s'engager à transformer le plus tôt possible leur matériel de mines dans le sens des prescriptions susmen-
tionnées (1).

§ IX. — *Convention concernant le bombardement
par des forces navales, en temps de guerre.*

Cette question avait été agitée à la Conférence de
La Haye de 1899; mais, comme on n'avait pu s'entendre,

----

(1) Conf., sur ces points de détail, Lémonon, *loc. cit.*, pages
472 et suiv.

on avait dû se borner à émettre le vœu de la voir reprise à une prochaine Conférence.

L'article 1er de la convention de 1907 interdit de bombarder par des forces navales les ports, villes, villages, habitations, bâtiments non défendus. Toutefois l'article 2 ajoute, avec raison, que les ouvrages militaires, établissements militaires ou navals, dépôts d'armes ou de matériel de guerre, ateliers et installations militaires ou navales ne sont pas compris dans l'interdiction de l'article 1er et pourront être l'objet des mesures jugées nécessaires, notamment du bombardement, lequel ne donnera lieu à aucune indemnité. Mais le commandant des forces navales devra assigner un délai aux autorités locales pour procéder elles-mêmes, si elles le préfèrent, à la destruction, à moins que les nécessités militaires ne le rendent impossible.

Suivant l'article 3, il peut être, après une notification expresse, procédé au bombardement des ports, villes, habitations et bâtiments non défendus, lorsque les autorités locales, préalablement sommées, se refusent à fournir les réquisitions de vivres et d'approvisionnements nécessaires aux besoins de la force navale qui les requiert. Ces réquisitions seront en rapport avec les ressources de la localité, réclamées avec l'autorisation du commandant de la force navale, payées autant que possible au comptant et constatées par des reçus. Mais l'article 4 interdit le bombardement à raison du non-paiement des contributions en argent.

L'article 5 prescrit, dans le bombardement par des forces navales, de prendre toutes les mesures nécessaires pour épargner autant que possible les édifices consacrés aux cultes, aux arts, aux sciences, à la bienfaisance, les monuments historiques, hôpitaux, lieux de rassemblement des blessés, à moins qu'ils ne soient en même temps employés à des usages militaires. Ces bâtiments, monuments et édifices seront désignés par des signes visibles consistant en grands panneaux rectangulaires rigides, partagés, suivant une des diagonales, en deux triangles de couleur noire en haut et blanche en bas.

Autant que possible, suivant l'article 6, le commandant de la force navale assaillante doit avertir les autorités avant le bombardement. L'article 7 déclare interdit le pillage d'une ville ou localité, même prise d'assaut.

La convention que nous venons d'exposer, a heureusement étendu à la guerre maritime la plupart des dispositions protectrices qui figurent déjà dans le règlement concernant la guerre terrestre.

§ X. — *Convention pour l'adaptation à la guerre maritime des principes de la Convention de Genève.*

La Convention de Genève du 22 août 1864, revisée par une autre en date du 6 juillet 1906, règle les principes qui régissent le service hospitalier, c'est-à-dire la condition des blessés, médecins, infirmiers, hôpitaux, ambulances. Cette convention, qui ne visait que la guerre terrestre, avait été étendue à la marine par la convention de La Haye du 29 juillet 1899. Et celle-ci, quoique corrigée sur certains points par la convention nouvelle de 1907, a été maintenue dans ses grandes lignes, dont voici l'indication. Les bâtiments employés à un service hospitalier sont les bâtiments-hôpitaux militaires, les bâtiments hospitaliers des belligérants autres que les bâtiments d'Etat, les bâtiments hospitaliers neutres et les bâtiments de commerce neutres.

Les uns et les autres sont inviolables sous certaines conditions fixées par la convention, notamment, pour les trois premières catégories, s'ils sont munis d'une

commission officielle, si leur nom a été notifié aux intéressés, s'ils ont un signe visible et apparent consistant dans une peinture spéciale, avec le drapeau de
Genève assisté du pavillon du belligérant. Quant aux
bâtiments de commerce neutres, ils sont également
inviolables s'ils répondent à l'appel charitable des
belligérants ou recueillent spontanément des blessés,
malades ou naufragés.

Le personnel charitable affecté au service sanitaire
maritime jouit de l'inviolabilité et ne peut être fait prisonnier de guerre ; d'autre part, tous malades et
blessés seront, sans distinction de nationalité, respec-
tés et soignés par les capteurs.

Le capteur est libre de garder les prisonniers soit
malades, soit valides, ou de les rendre à l'adversaire ;
dans ce dernier cas, les prisonniers ainsi rendus ne
pourront servir pendant la durée de la guerre.

Des précautions sont prises pour établir, après chaque guerre, la recherche des malades, naufragés et
blessés, comme aussi pour les protéger contre le pillage
et tout mauvais traitement. Les marques et pièces militaires d'identité trouvées sur les morts, ainsi que l'état
nominatif des blessés et malades, seront transmis aux
autorités des pays intéressés pour faciliter les recher-
ches. Il en sera de même de tous objets servant à
l'usage personnel de ces malades, prisonniers ou blessés. Ainsi, on reconstituera l'état civil des morts et on
sera édifié sur le sort et la condition des survivants.

Les puissances signataires s'engagent à prendre les
mesures nécessaires soit pour porter la convention à
la connaissance de leurs troupes de mer et des popu-
lations, soit pour réprimer, en cas de guerre maritime,
le pillage et les mauvais traitements vis-à-vis des marins prisonniers, blessés ou malades, ainsi que l'abus

des signes distinctifs qui protègent les bâtiments hospitaliers.

§ XI. — *Convention relative à certaines restrictions apportées à l'exercice du droit de capture dans la guerre maritime.*

Cette convention décrète, dans l'intérêt à la fois des belligérants et des neutres, l'inviolabilité de la correspondance postale des neutres et des belligérants, officielle ou privée, trouvée en mer sur un navire neutre ou ennemi, sous certaines réserves résultant du droit commun de la guerre. La grande importance de la régularité du service postal, au point de vue des intérêts privés, justifie amplement la mesure prise.

Egalement la convention soustrait au droit de capture les bateaux affectés à la pêche côtière ou à des services de petite navigation locale, ainsi que leurs engins, agrès et chargements, pourvu qu'ils s'abstiennent des hostilités. Sont encore garantis contre la capture les navires chargés de missions religieuses, scientifiques ou philanthropiques. Ainsi seront garantis nos navires-hôpitaux de Terre-Neuve et d'Islande, de même que les navires similaires anglais et hollandais opérant dans la mer du Nord (1).

La convention dispose aussi que lorsqu'un navire de commerce est capturé par un belligérant, les hommes de l'équipage, nationaux d'un Etat neutre, ne sont pas faits prisonniers de guerre. Il en est de même du capitaine et des officiers nationaux d'un Etat neutre, s'ils promettent formellement par écrit de ne pas servir sur un navire ennemi durant la guerre.

---

(1) Fromageot, *loc. cit.*, page 163. C. p. r. Lémonon, *loc. cit.*, pages 702 et suiv.

Quant à l'équipage appartenant à la nationalité du navire de commerce ennemi et à ses officiers, ils ne sont pas non plus faits prisonniers de guerre s'ils s'engagent, par écrit, à n'avoir, durant le reste de la guerre, aucun rapport avec les hostilités. Contrairement aux pratiques anciennes, la convention assure ainsi une condition équitable à des non-combattants dignes d'intérêt et auxquels la guerre, rapport d'État à État, ne doit logiquement causer aucun dommage.

§ XII. — *Convention relative à l'établissement d'une Cour internationale des prises.*

Quand un navire est, en mer, l'objet d'une confiscation, par exemple parce qu'il appartient au commerce d'un belligérant ou que, s'agissant d'un neutre, il porte de la contrebande de guerre, la pratique actuelle des nations admet que la validité de la prise est soumise à des tribunaux appartenant à la nationalité du capteur. Ainsi ce dernier est à la fois juge et partie dans sa cause ; il statue sur un point qui intéresse au plus haut degré une autre puissance. Or, puisqu'il y a là une question relative aux intérêts de deux peuples, le bon sens et la logique demanderaient qu'elle fût tranchée par un tribunal international comprenant des juges nationaux de tous les intéressés. Il en est ainsi toutes les fois que surgit une question quelconque concernant deux peuples ; et il est singulier que la règle soit différente à propos des prises.

Aussi, l'Institut de droit international, à la session de Zurich, en 1877, s'était-il rallié à l'opinion de Bluntschli, le célèbre professeur de l'Université de Heidelberg, pour qui l'état de choses actuel était vicieux et devait être modifié. Un projet, présenté sur ce point, organisait le tribunal des prises comme international, en première instance, et en appel. Il donna lieu à des discussions nombreuses ; on combattait la proposition comme contraire à la souveraineté des Etats, oubliant que la souveraineté de chacun d'eux doit tenir compte de celle des autres.

Finalement, craignant de trop innover, l'Institut, à la session de Heidelberg, en 1887, a adopté un projet de règlement international des prises maritimes, dont les paragraphes 100 et suivants organisent comme internationale seulement la juridiction d'appel. Au début de chaque guerre, chacune des parties belligérantes constituerait cette juridiction comprenant cinq membres; l'Etat belligérant désignerait le président et un des membres, en invitant trois Etats neutres à choisir chacun un des trois autres membres.

La convention de La Haye décide, dans son article 2, qu'en première instance la juridiction des prises est exercée par les tribunaux des prises du belligérant capteur. Les décisions de ces tribunaux sont prononcées en séance publique, notifiées d'office aux parties neutres ou ennemies. Elles peuvent, suivant l'article 3, être l'objet d'un recours devant la Cour internationale des prises, de la part soit des puissances et des particuliers neutres, soit des puissances et des particuliers ennemis, lorsque les propriétés ennemies ont été saisies en lieux neutres ou en violation des conventions en vigueur entre les belligérants, ou de dispositions légales édictées par le capteur. Et le recours peut être basé sur une erreur de fait ou une erreur de droit.

Le droit de juridiction des tribunaux nationaux ne peut, d'après l'article 6, être exercé à plus de deux degrés. Faute par la juridiction nationale d'avoir rendu une sentence définitive dans le délai de deux ans à compter du jour de la capture, la Cour internationale peut être directement saisie.

La Cour internationale s'inspire des conventions en vigueur entre les parties en cause et, à défaut, des règles du droit international, des principes généraux du droit et de l'équité (1).

D'après les articles 10 et suivants, la Cour des prises se compose de juges titulaires et juges suppléants nommés par les puissances contractantes, devant être tous des juristes d'une compétence reconnue dans les questions de droit international maritime, et jouir de la plus haute autorité morale. Ils sont nommés pour une durée de six ans, à compter du moment où notification de leur nomination arrive à La Haye ; et leur mandat est renouvelable. Ils sont égaux entre eux et prennent rang à partir de la date de la notification de la nomination. S'ils siègent à tour de rôle, leur rang s'établit par la date de leur entrée en fonctions. Si la date est la même, la préséance appartient au plus âgé. Les juges suppléants sont, dans l'exercice de leurs fonctions, assimilés aux juges titulaires; toutefois, ils prennent rang après ces derniers. La Cour fonctionne au nombre de quinze juges; mais neuf constituent le *quorum* nécessaire. Le juge absent ou empêché est remplacé par le suppléant. La Cour élit son président et son vice-président.

Sur les quinze juges prévus pour le jugement, huit appartiennent, à raison de un par chaque État, à l'Allemagne, aux États-Unis de l'Amérique du Nord, à l'Autriche-Hongrie, à la France, à la Grande-Bretagne, à

---

(1) Ce renvoi aux principes généraux du droit et à l'équité montre bien la haute mission déférée à la Cour et le rôle élevé que pourra jouer sa jurisprudence prétorienne dans la communauté des États. Consulter Fromageot, *loc.*, *cit*, page 161.

l'Italie, au Japon et à la Russie. Les sept autres sont pris dans les autres pays représentés à la Conférence, suivant un roulement annuel établi dans une annexe à la convention.

Il est singulier, s'agissant de questions maritimes, de voir figurer, parmi les nations représentées, l'Autriche-Hongrie, alors qu'on n'y trouve pas l'Espagne qui forme une péninsule. Evidemment ici les représentants ont trop cédé à l'idée de comparaison entre puissance de première grandeur et puissance de second ordre, pour accepter l'une et éliminer l'autre. Il eût été choquant, d'autre part, que, dans les affaires l'intéressant, une puissance belligérante pût ne pas avoir d'arbitre de son choix. Aussi a-t-on corrigé cette mesure, par trop excessive, en autorisant la puissance intéressée à demander que le juge nommé par elle prenne part au jugement de toutes les affaires provenant de la guerre. Et le sort désigne alors le juge qui devra céder sa place au juge du belligérant.

Les juges touchent des indemnités de voyage et de séjour à La Haye qui est le lieu du siège de la Cour. Cette Cour décide du choix de la langue ou des langues à employer devant elle.

Les intéressés peuvent nommer des officiers de marine siégeant avec voix consultative, des agents spéciaux, des conseils et des avocats.

Les articles 28 et suivants règlent ensuite minutieusement les détails de la procédure à suivre devant la Cour, procédure qui comprend une instruction écrite et des débats oraux. Les délibérations ont lieu à huis clos et restent secrètes ; l'arrêt motivé est prononcé en séance publique, signé par le président et le greffier, et notifié aux parties (1).

---

(1) Voir, sur ces détails, Lémonon, *loc. cit.*, pages 280 et suiv.

§ XIII. — *Convention concernant les droits et devoirs des puissances neutres, en cas de guerre maritime.*

La première Conférence de La Haye de 1899 avait systématiquement écarté de ses travaux les points relatifs à la guerre sur mer. D'autre part, elle avait laissé de côté tout ce qui touche à la neutralité soit terrestre, soit maritime. Dans ces conditions, elle avait naturellement gardé le silence à propos des droits et des devoirs des neutres sur mer.

Et pourtant il est peu de matières qui soient aussi pratiques et qui donnent lieu à plus de difficultés en l'absence de toute doctrine internationale. Ces difficultés se sont produites de tout temps ; elles faillirent, lors de la guerre de Sécession des Etats-Unis de l'Amérique du Nord, amener un conflit entre ces derniers et l'Angleterre, conflit qui fut apaisé par l'arbitrage de Genève du 14 septembre 1871. Elles se sont reproduites dans les guerres hispano-américaine et anglo-transvaalienne ; et, lors de la première, on avait mis en avant l'idée de la réunion d'une Conférence internationale appelée à déterminer exactement les droits et devoirs des neutres dans les guerres maritimes. Enfin, comme il fallait s'y attendre, les difficultés ont repris lors de la guerre russo-japonaise. Le Japon s'est plaint, à diverses reprises, de la conduite de certaines puissances neutres, et notamment de la France. Il importait donc de fixer la coutume internationale et de lui donner un guide sûr, pour éviter, autant que possible, des querelles nouvelles.

La convention de 1907 décide, dans son article 1er, que les belligérants sont tenus de respecter les droits souverains des puissances neutres et de s'abstenir, dans le territoire et les eaux neutres, de tous actes constituant, de la part des puissances qui les toléreraient, un manquement à leur neutralité.

Suivant l'article 2, tous actes d'hostilité, y compris la capture et l'exercice du droit de visite, commis par les vaisseaux de guerre belligérants dans les eaux territoriales d'une puissance neutre, constituent une violation de la neutralité et sont strictement interdits.

Les articles 5 et suivants défendent aux belligérants de faire des ports et des eaux neutres la base d'opérations navales contre leurs adversaires. Ils ne peuvent y installer des stations radio-télégraphiques ou tout autre appareil destiné à servir de moyen de communication avec des forces belligérantes sur terre ou sur mer. Les neutres n'ont pas davantage le droit d'y laisser s'effectuer l'armement ou l'équipement de tout navire devant croiser ou concourir à des opérations hostiles, ni d'autoriser la sortie des navires allant se livrer à de pareilles opérations. Le neutre, quand il soupçonne une opération de ce genre, doit exercer une incessante surveillance, pour éviter que ses eaux ne deviennent le théâtre d'actes contraires à la neutralité.

Par les articles que nous venons d'indiquer, la convention de 1907 a fait passer dans ses dispositions l'esprit de textes antérieurs célèbres, dans les fastes juridiques, sous le nom de *règles de Washington* et contenues dans le *Traité de Washington* du 8 mai 1871, qui organisa l'arbitrage de l'Alabama. Durant la guerre de Sécession qui éclata, en 1861, entre le Nord et le Sud de l'Union américaine, le gouvernement anglais laissa des corsaires de la marine du Sud s'équiper, se ravitailler et trouver asile dans ses ports, ce qui causa des dommages considérables à la marine du Nord. Pour évaluer ces dommages à la charge de la Grande-Bretagne, intervint le célèbre arbitrage de Genève du 14 septembre 1871, dans lequel les arbitres eurent à s'inspirer des règles de neutralité formulées par le traité précité de Washington et adoptées par les articles 5 et suivants de la convention de 1907 (1).

D'après les articles 10 et suivants, une puissance neutre peut laisser les navires de guerre passer dans ses eaux territoriales avec leurs prises; mais, en principe, en l'absence de dispositions spéciales de la législation de la puissance neutre, la durée du séjour ne doit pas excéder vingt-quatre heures. Le séjour ne peut se prolonger qu'à raison d'avaries ou de l'état de la mer. D'autre part, à défaut d'autres règles de la législation locale, le nombre des vaisseaux belligérants se trouvant dans les eaux territoriales ne saurait excéder trois.

Ces divers points avaient occasionné de graves difficultés lors de la guerre russo-japonaise. Le gouvernement japonais se plaignit, à plusieurs reprises, de ce que des provisions de charbon avaient été livrées à la flotte russe en des lieux divers, à Cherbourg, Dakar, Alger et Djibouti. Il prétendit, en outre, que les escadres russes avaient séjourné pendant une durée excessive dans les eaux françaises, soit à Nossi-Bé, soit à Madagascar, et dans l'Indo-Chine, principalement aux baies de Kam-Ranh et de Hon-Kohe.

Certains Etats, notamment la Grande-Bretagne, l'Italie et l'Espagne, pour éviter toute contestation sur la durée du séjour, limitent cette durée à vingt-quatre heures. Mais cette limitation ne figure pas dans les usages de la France et de la plupart des autres Etats ; aussi le gouvernement français répondait-il, avec raison, qu'il n'avait violé aucune règle de neutralité, puis-

---

(1) Consulter notre *Traité (précité) de l'arbitrage international*, §§ 64 et suiv.

qu'il avait fait cesser le séjour dès qu'il lui avait paru d'une durée raisonnable, ce qui était question de fait (1).

Aujourd'hui, la limite des *vingt-quatre heures* est consacrée, en principe, par la convention de 1907, sauf disposition contraire des lois internes; et il est probable qu'elle sera admise par le droit commun des Etats maritimes.

La convention prend ensuite une série de mesures de détail sur des points divers. Elle exige que les navires des belligérants se rencontrant dans un port neutre, ne partent qu'à un intervalle de vingt-quatre heures, pour éviter les conflits à proximité du port. Elle autorise le ravitaillement des belligérants et la réparation des avaries dans la mesure indispensable à la sécurité de la navigation ; le navire ne peut prendre que l'approvisionnement du temps de paix et le combustible nécessaire pour gagner le port le plus proche. Une prise n'est amenée en port neutre que pour innavigabilité de la mer et doit en sortir aussitôt que la cause qui avait justifié son entrée a cessé. Mais elle peut y être laissée sous séquestre jusqu'à la décision de la juridiction des prises.

Si les navires belligérants s'obstinent à rester en port neutre, malgré l'injonction de le quitter dans les délais et conditions ci-dessus indiqués, le neutre est autorisé à user des mesures nécessaires pour les empêcher de prendre la mer pendant la durée de la guerre. Les officiers et l'équipage sont, en ce cas, également retenus.

---

(1) Conférer sur ce point notre article : « Des règles françaises de neutralité à propos de la guerre russo-japonaise », dans le *Journal de droit international privé*, 1905, pages 592 et suiv. Conf. Lémonon, *loc. cit.*, pages 535 et suiv.

§ XIV. — *Déclaration relative à l'interdiction de lancer des projectiles et explosifs du haut de ballons.*

La Conférence de 1907 n'a fait que remettre ici en vigueur une déclaration votée à La Haye en 1899, déclaration qui, limitée, on ne sait trop pourquoi, à une durée d'application de cinq années, devait prendre fin le 26 juillet 1904, faute d'avoir été renouvelée. Voici ce que nous disions, à ce sujet, dans notre ouvrage précité de la *Conférence de la Paix*, au paragraphe 37 :

« La liberté de l'air est, comme celle de la pleine mer, limitée par la nécessité de ne pas accomplir des actes contraires à l'ordre public international. Et, comme on interdit sur mer la piraterie et la traite, de même on pourra défendre d'employer les ballons pour des actes qui sont en hostilité absolue avec les droits de l'humanité. Or, on voit facilement quels terribles ravages pourraient être faits dans les rangs d'une armée par une flotte d'aérostats déversant sur elle des projectiles et des explosifs qu'elle ne saurait éviter et contre lesquels elle serait incapable de se défendre. Il ne paraît pas, au surplus, qu'on ait sérieusement songé à ce procédé spécial de guerre depuis 1812 où les Russes, sans succès du reste, essayèrent de lancer du haut de ballons des projectiles incendiaires sur les troupes françaises. »

Et nous ajoutions au paragraphe 84 de notre traité précité des *Lois et coutumes de la guerre sur terre :*

« Le jour où sera résolue la question des ballons dirigeables, la prohibition de la Déclaration de La Haye constituera peut-être un bienfait inappréciable. » « En somme, la Déclaration a en vue de faire jouer aux ballons, à l'avenir, un simple rôle d'instruments d'observation ou de correspondance et de les bannir comme engins prohibés d'hostilité dans la guerre future... »

La Déclaration de 1907 stipule, en conformité des dispositions qui précèdent, que « les puissances contractantes consentent, pour une période allant jusqu'à la fin de la troisième Conférence de la Paix, à l'interdiction de lancer des projectiles et des explosifs du haut de ballons ou par d'autres modes analogues nouveaux ».

CONCLUSION

Telles sont les dispositions principales des divers actes de la seconde Conférence de la Paix, qui portent tous la date du 18 octobre 1907. Si on envisage leurs résultats dans les grandes lignes, ces actes ne sauraient être, croyons-nous, comparés à ceux votés à la première Conférence, en 1899. Celle-ci, en effet, avait légiféré sur l'ensemble du droit de la paix et de la guerre, alors que rien n'existait à cet égard avant elle. Elle avait donc créé de toutes pièces des *principes directeurs*, en s'inspirant soit de la coutume, soit des conventions internationales préexistantes. Comme le disait, à juste titre, M. Bourgeois, premier délégué français à La Haye, en 1899, dans la préface écrite pour notre ouvrage précité de la *Conférence de la Paix*, à la page VI : « On regrettait avec raison que le droit des gens n'eût encore été codifié en aucune de ses parties essentielles. On déplorait que le professeur dans sa chaire, le diplomate dans les congrès, l'arbitre dans son tribunal, n'eussent aucun guide sûr et fussent, en quelque sorte, livrés aux seules inspirations de leur conscience, alors que la gravité des problèmes s'agitant entre les nations réclamait des règles fixes et précises. Désormais ces regrets et ces critiques ne pourront se produire que plus rarement; sur des points importants du droit des gens, la codification est faite... »

La seconde Conférence de La Haye n'a point eu le caractère ample et généralisateur de la première ; elle a été plutôt une Conférence de détail. Mais, dans le détail, elle a accompli une œuvre vraiment féconde, puisqu'elle n'a pas porté moins de quatorze décisions, dont certaines méritent une approbation complète, notamment celle concernant la nouvelle Cour internationale des prises maritimes. Et pourtant cette création si utile semble avoir contre elle deux des plus importantes puissances de l'Europe, la Grande-Bretagne et l'Allemagne, qui paraissent décidées à refuser leur assentiment tant que n'existera point un Code des prises maritimes devant inspirer la jurisprudence de la Cour.

Et ce Code, tant s'en faut, n'est point encore prêt à voir le jour. En dépit des motions dont elle était saisie, la Conférence s'est refusée, par exemple, à légiférer au sujet de la question si délicate de la capture de la propriété privée ennemie en mer. Il n'y a pas été non plus question des problèmes fondamentaux de la contrebande de guerre et du blocus, si vivement discutés. Par ces omissions regrettables — et nous ne citons que les principales — les décisions portées en 1907 relativement à la belligérance et à la neutralité maritime, si utiles soient-elles, n'offrent plus guère qu'une importance secondaire. Ajoutons que, même sur les points par elle abordés, la Conférence a manqué souvent de l'énergie nécessaire.

Ainsi, relativement aux mines sous-marines qui offrent tant de dangers pour le commerce neutre, la commission avait proposé d'apporter aux droits des belligérants quelques timides restrictions qui furent écartées, sur la demande formelle de l'Allemagne exigeant, à peu près sans réserve aucune, la dispersion sur les Océans de ces sinistres engins de mort.

Mieux inspirée a été la Conférence relativement à la fixation des droits et devoirs des neutres, bien que là encore elle se soit parfois montrée hésitante et incertaine, notamment au sujet de la durée du séjour en port neutre, pour laquelle la loi des vingt-quatre heures aurait dû être, semble-t-il, imposée. On ne peut que louer, d'autre part, des conventions comme celle relative à la déclaration de guerre, tout en regrettant que la question du délai devant s'écouler entre la déclaration et l'ouverture des hostilités ait été passée sous silence. L'adaptation à la guerre maritime des principes de la convention de Genève est digne d'éloges, sans réserve aucune. Enfin, en ce qui regarde l'arbitrage — si nous écartons le projet de permanence de la Cour arbitrale pour les motifs indiqués plus haut — les modifications apportées à l'œuvre de 1899 sont excellentes.

Ainsi, à la suite de la Conférence de 1899, qui avait été surtout une réunion de principe et d'organisation générale, celle de 1907 est entrée dans la voie des applications pratiques et se présente, dès lors, comme le premier chaînon d'une série de Congrès internationaux d'où sortira, avec le temps, la codification intégrale du droit de la paix et de la guerre. Voilà pourquoi l'acte général de la Conférence de 1907 recommande aux puissances une troisième réunion, qui aurait lieu à une date fixée d'un commun accord. Pour préparer les travaux de ces nouvelles assises internationales, un comité serait chargé, deux ans avant leur réunion, de recueillir les diverses propositions utiles, préalablement étudiées dans les divers pays. Ce procédé serait on ne peut plus sage, car les fluctuations regrettables par lesquelles est souvent passée la Conférence de 1907 sont dues, pour beaucoup, à ce fait qu'elle n'avait point devant elle un programme suffisamment mûri et de nature à rallier, dans son principe, sinon dans tous ses détails, les suffrages de la plupart des États représentés.

Paris et Limoges. — Imp. milit. Henri CHARLES-LAVAUZELLE.

www.ingramcontent.com/pod-product-compliance
Ingram Content Group UK Ltd.
Pitfield, Milton Keynes, MK11 3LW, UK
UKHW021628090726
13657UKWH00004B/1526